AF452085

LA PRINCESSE D'ELIDE,

BALLET HEROIQUE,

REPRÉSENTÉ

POUR LA PREMIERE FOIS,

PAR L'ACADEMIE ROYALE

DE MUSIQUE;

Le Mardy 20. Juillet 1728.

Nouvelle Edition, avec les Changements.

DE L'IMPRIMERIE

De JEAN-BAPTISTE-CHRISTOPHE BALLARD,
Seul Imprimeur du Roy, & de l'Academie Royale de Musique.

M.DCCXXVIII.

AVEC PRIVILEGE DU ROY.

LE PRIX EST DE XXX. SOLS.

ACTEURS
DU PROLOGUE.

L'AMOUR,	Mlle. Julie.
VENUS,	Mlle. Hermanfe.
POLYMNIE,	Mlle. Dutilly.
TERPSICORE,	Mlle. Peliffier.

Suite de l'AMOUR, de VENUS, de POLYMNIE
  & de TERPSICORE,

Troupe d'Amants & d'Amantes des Rives de la Seine.

La Scene eft fur le Theâtre de l'Academie Royale de Mufique.

ACTEURS ET ACTRICES
de tous les Chœurs du Prologue & du Ballet.

CÔTE' DU ROY.		CÔTE' DE LA REINE.	
Mefdemoifelles	*Meffieurs*	*Mefdemoifelles*	*Meffieurs*
Souris-L.	Dun pere.	Antier-C.	Le Myre-L.
Julie.	Bremond.	La Roche.	Morand.
Dun.	Flamand.	Tettelette.	S. Martin.
Souris-C.	Levaffeur.	Charlard.	Bertin.
Dutilly.	Deshais.	Petitpas.	Rebours.
De Kerkoffen.	Bufeau.	Cartou.	Dautrep.
	Dubrieul.		Corail.
	Dupleffis.		Duchefne.
	Combeau.		Houbeau.

DIVERTISSEMENT
du Prologue.

ELEVES DE TERPSICORE,

Mademoiselle Camargo,

Messieurs Dangeville, Malter-L., Bontemps, Savar, Dumay;

Mesdemoiselles Lamartiniere, Binet, Duroché, Duval, Lemaire.

GRACES, Suivantes de VENUS.

Mesdemoiselles Petit, Sallé, Thibert.

On vend cette Piece imprimée en Musique en une Partition in-quarto, *reliée*   12. liv.
Ainsi que les autres de la même forme.

Celles in-folio sont chacune de   20. livres.

PROLOGUE.

Le Theâtre repréſente un lieu orné pour des Spectacles.

L'Amour paroît dans le fond, aſſis ſous un Pavillon; POLYMNIE & TERPSICORE ſont placées un peu plus bas, à ſes côtez.

SCENE PREMIERE.

L'AMOUR, POLYMNIE, TERPSICORE,
Suite de ces trois Divinitez.

Troupe d'Amants & d'Amantes des Rives
de la Seine.

CHOEUR d'Eleves de POLYMNIE
& de TERPSICORE.

'Eſt dans ces lieux que l'Amour regne ;
Accourez, jeunes Cœurs ; laiſſez-vous
enflammer :
Venez apprendre l'art d'aimer ;
C'eſt l'Amour même qui l'enſeigne.

PROLOGUE.

L'AMOUR.

Vous qui dictez mes loix dans cet heureux séjour,
Avancez Polymnie, approchez Terpsicore ;
Que par vous, s'il se peut, ma gloire augmente encore:
Dans vos jeux, dans vos chants, faites regner l'Amour.

POLYMNIE ET TERPSICORE.

Heureux Sujets de l'amoureux empire,
Ecoûtez nos tendres leçons.

TERPSICORE.

Dans nos Danses,

POLYMNIE.

Dans nos Chansons,

ENSEMBLE.

C'est l'Amour seul qui nous inspire.

TERPSICORE.

Vous, qui tracez aux yeux une vive peinture
Des sentiments les plus secrets,
Faites briller les plus beaux traits,
Que l'art ingenieux ajoûte à la nature:

Eſtes-vous agitez de la fureur de Mars?
Que Bellonne elle-même enflamme vos regards
    Au ſon des terribles Trompettes.

                Bruit de Trompettes.

L'Amour, le tendre Amour rend-il vos cœurs heureux !
Que ce Dieu ſi charmant vienne animer vos jeux,
    Au ſon des paiſibles Muſettes.

   Les HAUTBOIS imitent les MUSETTES.

   à l'une de ſes Eleves.
Et vous, dont par mes ſoins tous les pas ſont dreſſez,
    Nymphe charmante, commencez.

             la NYMPHE danſe.

L'AMOUR.

  Quel éclat fait briller les Cieux !
  C'eſt Venus : quel bonheur extrême !
  Venus vient juger elle-même,
Des honneurs éclatants qu'on me rend en ces lieux.

On entend une Symphonie qui annonce la deſcente
    de VENUS.

SCENE II.

VENUS & les Acteurs de la Scene précédente.

L'AMOUR.

Aimable Reine de Cythere ;
Vous sçavez à quel point vôtre gloire m'est chere :
Voyez, pour l'augmenter, tous les soins que je prends,

VENUS.

Quelque soin qui pour moy te presse,
Sous une apparente tendresse,
Je ne vois en ces lieux que des indifferents.

Ce n'est pas aux bords de la Seine
Qu'on rend hommage à la Beauté :

On ne cherche dans une chaîne
Que l'éclat & la vanité.

Ce n'est pas aux bords de la Seine
Qu'on rend hommage à la Beauté.

Au

PROLOGUE.

Au milieu des Jeux & des Fêtes ;
Je rougis des honneurs que tu crois recevoir :
Tes plus ardents Sujets ne chantent ton pouvoir,
Que pour publier leurs conquêtes.

L'AMOUR.

Pour regner sur tout l'Univers
J'adoucis le poids de mes fers :
Je m'accommode à la foiblesse
Des cœurs que j'entreprends de ranger sous mes loix,
Et je prends soin de faire choix
Dutrait vainqueur dont je les blesse :

VENUS.

Est-ce ainsi que tu dois regner ?

CHOEURS d'Amants & d'Amantes.

Ah ! pourquoy troublez-vous nôtre bonheur extrême ?

VENUS.

Non ; vous ne sçavez pas comme il faut que l'on aime,
C'est à moy de vous l'enseigner.

CHOEUR.

Ah ! pourquoy troublez-vous nôtre bonheur extrême ?

VENUS.

Non ; vous ne sçavez pas comme il faut que l'on aime.

B

PROLOGUE.

Quand le plus charmant des Vainqueurs
Vous a soumis à son empire,
Faites parler vos yeux par de tendres langueurs;
Ce langage vous doit suffire.

Sur vous le tendre Amour répand-il ses faveurs?
Triomphez au fond de vos cœurs;
Mais soyez heureux, sans le dire.

Vous, pour me seconder, venez aimables Graces;
Que l'Amour vole sur vos traces.

DANSE DES GRACES,

Aux Eleves de POLYMNIE
& de TERPSICORE.

Et Vous, dont mon Fils a fait choix,
Pour dicter ses suprêmes loix,
Secondez les vœux de sa Mere:

Apprenez aux Amants de cet heureux séjour,
Qui fait mieux triompher l'Amour,
Ou de l'éclat, ou du mistere.

On danse.

Que l'Amour triomphe en tous lieux;
Qu'aux desirs de Venus à l'envy tout réponde:
Que le Ciel, que la Terre & l'Onde;
Que tout suive les loix du plus charmant des Dieux.

CHOEUR.

Que l'Amour, &c.

TERPSICORE.

Volez Plaisirs, volez, enchantez nos regards ;
La Mere d'Amour vous appelle :
Au plus charmant de tous les Arts,
Prêtez une grace nouvelle.

Vous animez des plus beaux feux,
Et les Bergers & les Bergeres ;
Rendez leurs danses plus legeres ;
Regnez, Triomphez dans mes jeux.

Prêtez une grace nouvelle
Au plus charmant de tous les Arts :
Volez Plaisirs, volez, enchantez nos regards ;
La Mere d'Amour vous appelle.

On danse.

C H OE U R.

Que l'Amour triomphe en tous lieux ;
Qu'aux desirs de Venus à l'envy tout réponde :
Que le Ciel, que la Terre & l'Onde ;
Que tout suive les loix du plus charmant des Dieux.

FIN DU PROLOGUE.

ACTEURS
DU BALLET.

AMARYLLIS, *Princeſſe d'Elide*,
Fille de Pan,   Mlle. Hermance.

TERSANDRE, *Prince d'Argos*,
Amant d'Amaryllis,   M^r. Tribou.

IPHIS, *Prince de Corinthe, amoureux*
d'Amaryllis,   M^r. Chaſſé.

DORIS, *Confidente d'Amaryllis*,   Mlle. Peliſſier.

ARCAS, *Confident de Terſandre*,   M^r. Dun.
Ou le nouvel Acteur,   M^r. Fontenay.

Troupes de FAUNES, de BERGERS,
& de NYMPHES.

La grande PRESTRESSE
de VENUS,   Mlle. Julie.

UNE PRESTRESSE de VENUS,   Mlle. Dutilly.

Troupe de PRESTRESSES de VENUS.

Troupe d'ARGIENS déguiſez, repréſentants
les anciens Pantomymes, ſous des Caracteres plus
modernes.

La Scene eſt dans les Champs D'ELIDE.

DIVERTISSEMENT
du Ballet.

PREMIER ACTE.

BERGERS ET BERGERES,

Mesdemoiselles Prevost & Sallé;
Messieurs Dangeville, P-Dumoulin, Maltair-L;
Mesdemoiselles Duroché, Binet, Thibert.

FAUNES ET NYMPHES,

Monsieur D-Dumoulin;
Messieurs Tabary, Savar, Dumay;
Mesdemoiselles Verdun, Duval, Lemaire.

SECOND ACTE.

AMANTS D'AMARYLLIS,

Monsieur Laval;
Messieurs Dumoulin-L., Savar, Tabary, Dumay;
Mesdemoiselles Verdun, Duval, Lemaire, Petit.

PRESTRES ET PRESTRESSES,

Messieurs Dangeville, P-Dumoulin, Maltair-L.,
Javillier;
Mesdemoiselles Thibert, Duroché, Lamartiniere,
Binet.

TROISIE'ME ACTE.

Troupe d'Argiens & d'Argiennes.

UNE BOHEMIENNE,	Mlle. Camargo.
UNE INDIENNE,	Mlle. Sallé.
UN INDIEN,	M^r. Savar.
UNE INDIENNE,	Mlle. Delisle.
UN AFFRIQUAIN,	M^r. Bontemps.
UNE AFFRIQUAINE,	Mlle. Duval.
UN EGYPTIEN,	M^r. Dangeville.
UNE EGYPTIENNE,	Mlle. Durocher.
ARLEQUIN,	M^r. F-Dumoulin.

Autres Argiens & Argiennes déguisez.

Messieurs Laval , Malter-C.

Monsieur Pierret,	Mademoiselle Lemaire.
Monsieur Camargo,	Mademoiselle Tybert.
Monsieur Dumay ,	Mademoiselle Petit.

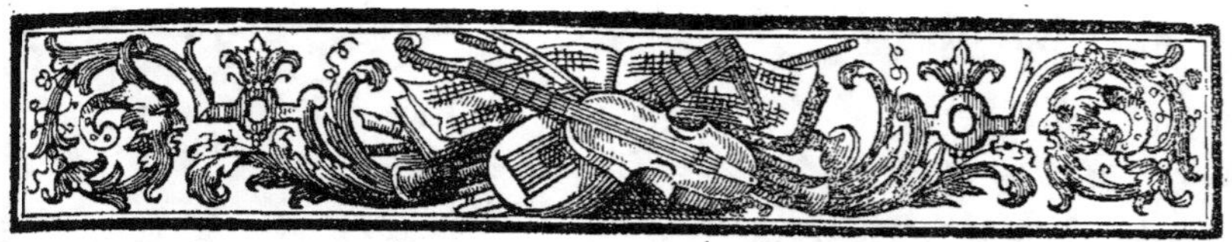

LA PRINCESSE D'ELIDE,

BALLET HEROIQUE.

ACTE PREMIER.

Le Theâtre repréſente une Foreſt, voiſine du Cirque,
où l'on vient de celebrer les Jeux Olympiques.
Le Cirque paroît dans l'éloignement.

SCENE PREMIERE.

TERSANDRE.

Ombres Deſerts, où regne un éternel ſilence,
Je n'entretiens que vous d'un amour malheureux,
Je dois en dérober toute la violence
A l'inſenſible Objet de mes plus tendres vœux :
 Dieux ! avec tant d'indifference,
 Peut-on inſpirer tant de feux ?

Sombres Deſerts, où regne un éternel ſilence,
Je n'entretiens que vous d'un amour malheureux ;

La fiere Amaryllis rend mon amour timide :
Je la fuy ; je renonce au laurier glorieux
Des Jeux , à Jupiter, consacrez par Alcide :
Je crains que mes transports n'éclatent à ses yeux :
Je la voy : doux Transports, gardez-vous de paraître
Devant l'Objet qui vous fait naître.

SCENE II.

AMARYLLIS, TERSANDRE, DORIS.

AMARYLLIS.

Aux yeux d'une brillante cour
Pourquoy dédaignez-vous le prix de la victoire ?

TERSANDRE.

La main qui le dispense auroit pû faire croire
Que le vainqueur avoit fait pour l'amour,
Ce qu'il n'a fait que pour la gloire.

AMARYLLIS.

Croyez-vous que l'amour deshonore un vainqueur ?

TERSANDRE.

Je crois qu'avec un soin extrême
On doit en garentir son cœur ;
Vous me l'avez appris vous même.

AMARYLLIS.

AMARYLLIS.

Dans les Jeux, qui bien-tôt vont être celebrez,
    Fuirez-vous encor ma presence?
C'est par les soins d'Iphis qu'on les a preparez;
On les consacre au Dieu dont je tiens la naissance.

TERSANDRE.

Et la Nymphe & le Dieu doivent être assurez
    D'une éternelle obeïssance.

SCENE III.

AMARYLLIS, DORIS.

AMARYLLIS.

IL fuit!

DORIS.

Quels nouveaux soins viennent vous agiter?

AMARYLLIS.

Ah! quand chacun me rend hommage,
Je dois prendre pour un outrage
Le soin qu'il prend de m'éviter.

Des plus superbes Roys pour moy l'ardeur éclate,
    Mille cœurs viennent me chercher:
    D'un seul la conquête me flatte,
    Et c'est le seul que je ne puis toucher.

C

DORIS.

Parmy tant de Heros qui vous rendent les armes,
Qu'importe d'en trouver un seul indifferent ?
Pour vous est-ce un malheur si grand
Qu'il échape un cœur à vos charmes ?

AMARYLLIS.

Un cœur qui ne se donne pas,
Offense toujours des appas
Accoûtumez à la victoire :
Le refus d'un soupir nous est injurieux ;
Et ce qu'on dispute à nos yeux
On le dérobe à nôtre gloire.

DORIS.

Vous offensez l'Amour ;
L'Amour se venge :
Par un juste retour,
Tôt ou tard sous ses loix craignez qu'il ne vous range.

AMARYLLIS.

L'Amour ! ah ! tu me fais trembler.

DORIS.

D'où naît le trouble affreux, où ce discours vous plonge.

AMARYLLIS.

Mes esprits sont frappez d'un songe,
Que tu viens de me rappeller.

Au milieu d'une nuit profonde,
J'ay vû briller le Char de la Mere d'Amour ;
Elle avoit moins d'attraits, lorsque, sortant de l'Onde,
Elle vit le flambeau du jour
Pour faire le bonheur du monde.
Tremble, m'a-t-elle dit, mon Fils est irrité
De ton infléxible fierté ;
Il est prest d'en prendre vengeance :
Il va signaler sa puissance
Aux dépens de ta liberté.
La Déesse & le Char se couvrent d'un nuage :
J'en vois partir un trait vengeur ;
Il vole, & se fait un passage
Jusques dans le fond de mon cœur.

DORIS.

On vient ; de ce grand jour marqué pour la victoire,
Vos yeux vont partager l'honneur.

AMARYLLIS.

Tersandre est de la Fête : Ah ! Doris quelle gloire
De pouvoir triompher d'un si superbe cœur !

SCENE IV.

AMARYLLIS, TERSANDRE, IPHIS, DORIS, ARCAS.

Troupes de FAUNES, de NYMPHES, de SYLVAINS, de BERGERS & de BERGERES.

MARCHE.

IPHIS.

Au Dieu qui lance le tonnerre,
Nos premiers vœux viennent d'être adreſſez :
Les yeux d'Amaryllis ſont les Dieux de la terre ;
Ils ne demandent pas des ſoins moins empreſſez.

Faunes, Nymphes, Sylvains, Bergers de ces bocages,
Amaryllis regne en ces lieux,
Comme Jupiter dans les Cieux :
Elle doit avec luy partager nos hommages ;
Chantez dans cet heureux ſéjour
Le Dieu qui luy donna le jour.

Regne dans ces retraites,
Paiſible Dieu des bois ;
Anime les muſettes,
Et les cœurs & les voix.

C H OE U R.

Regne dans nos retraites,
Paifible Dieu des bois;
Anime nos mufettes,
Et nos cœurs & nos voix.

On danfe.

UNE BERGERE.

Dieu, qui prends foin de nos bocages,
Sois propice aux tendres Amants;

Rends nos gazons, rends nos ombrages
Toûjours plus frais & toûjours plus charmants.

Dieu, qui prends foin de nos bocages,
Sois propice aux tendres Amants.

La Troupe des BERGERS & des BERGERES,
forme une nouvelle Entrée.

La Troupe des SYLVAINS, des FAUNES
& des NYMPHES vient fe joindre à celle des
BERGERS & des BERGERES, pour honorer
le Dieu PAN, qui prefide fur les uns & fur les autres.

D O R I S.

Source des plus vives flammes,
Amour, dont tout fuit les loix,
Regne toûjours dans nos bois;
Regne à jamais dans nos ames.

A tes traits tout est possible ;
Rends tous les cœurs amoureux :
Viens sur le plus insensible
Répandre tes plus beaux feux.

Source des plus vives flammes,
Amour, dont tout suit les loix,
Regne toûjours dans nos bois ;
Regne à jamais dans nos ames.

On danse.

UNE BERGERE.

L'Amour, avec tous ses charmes,
Sans bruit, sans allarmes,
L'Amour, avec tous ses charmes,
Regne dans nos bois :
Qu'il a de biens à la fois !
Pour prix de quelques larmes,
Qu'il a de biens à la fois !
Faisons un tendre choix ;
Bergers, vous serez des Roys,
En luy rendant les armes ;
Bergers, vous serez des Roys,
Si vous suivez ses loix.

On danse.

IPHIS.

Digne Objet de l'ardeur que vous voyez paraître,
Vous qu'un Dieu favorable en ces lieux a fait naître
Pour y faire un bonheur nouveau,
Daignez d'un doux hymen allumer le flambeau :
Nymphe, dans ce séjour champêtre,
Eternisez un sang si beau.

AMARYLLIS, à IPHIS.

Perdez une vaine esperance;
Non, mon cœur n'est pas fait pour souffrir un vainqueur.

IPHIS.

Quoy? rien ne peut fléchir vôtre injuste rigueur?

Dans une triste indifference,
Pourquoy passer vos plus beaux jours?
Quand la beauté fait naître les Amours.
Faut-il que la fierté détruise l'esperance?
Regnez sur tous les cœurs; regnez sur un Epoux;
Il n'est point d'empire plus doux.

CHOEUR.

Regnez sur tous les cœurs; regnez sur un Epoux;
Il n'est point d'empire plus doux.

AMARYLLIS.

Faut-il que contre moy tout mon Peuple conspire!

TERSANDRE.

Non, ne souffrez point de vainqueur;
Regnez toûjours sur vôtre cœur:
Il n'est point de plus doux empire.

AMARYLLIS.

à TERSANDRE.   à tous.

Je vous entends. Allez, qu'on se retire.

SCENE V.

AMARYLLIS, DORIS.

AMARYLLIS.

Qvelle indifference ! grands Dieux !
Quel mépris odieux !
Puis-je trop punir cette offense ?
Quel trouble ! quels transports à mon cœur inconnus !
Courons au Temple de Venus,
Et du cruel Amour détournons la vengeance.

FIN DU PREMIER ACTE.

ACTE II.

ACTE DEUXIE'ME.

Le Theâtre repréſente le Temple de VENUS.

SCENE PREMIERE.

AMARYLLIS.

Imable Mere des Amours,
Pour la premiere fois j'implore ton ſecours.

Prête-moy de nouvelles armes ;
Un Mortel, dont l'orgueil méconnoît ton pouvoir,
Ne daigne pas s'appercevoir,
Si mes yeux ont des charmes :

Aimable Mere des Amours,
Pour la premiere fois j'implore ton ſecours.

D

SCENE II.

AMARYLLIS, DORIS.

AMARYLLIS,

TErsandre ne vient point !

DORIS.

> Sur mes pas il s'avance.

AMARYLLIS.

Tersandre ne vient point !

DORIS.

> Qui peut vous allarmer ?
Quel trouble ! quelle impatience !

AMARYLLIS.

Se peut-il que son cœur ne puisse s'enflammer ?
Mais, peut-être en secret pour une autre il soupire.
Il n'importe, il faut tout tenter,
Pour le soûmettre à mon empire :
Le pouvoir de mes yeux peut-il mieux éclater ?

Si jamais à l'Amour il n'a rendu les armes,
    Quel doux triomphe pour mes charmes
    De pouvoir en faire un Amant !
    Et si déja quelqu'autre Belle
    Luy cause un amoureux tourment,
Que j'auray de plaisir d'en faire un infidelle !
Il vient : De ses secrets Arcas est éclaircy ;
Il t'aime, & de tes soins j'ay droit de tout attendre,
Penetre dans son cœur, Doris, & viens m'apprendre
    Si tes soins auront réüssi.

SCENE III.

TERSANDRE, AMARYLLIS.

TERSANDRE.

NYmphe, une loy suprême auprès de vous m'ap-
    pelle.

AMARYLLIS.

Iphis osoit lever ses regards jusqu'à moy ;
Et j'ay vû pour ma gloire éclater vôtre zele :
Prince, j'y suis sensible autant que je le doy.
Mais, Tersandre, il est temps que ma reconnoissance
    A son tour se montre à vos yeux ;
    Toutes les Beautez de ces lieux
Viennent se plaindre à moy de vôtre indifference.

TERSANDRE.

Du moins, Amaryllis ne me condamne pas.

AMARYLLIS.

Autant que je le puis, je prends vôtre défense;
Mais comment excuser l'offense
Que vous faites à tant d'appas?

Si vous ne vouliez pas apporter vos hommages
A mille Objets charmants dont brille ce séjour,
Pourquoy quitter d'Argos les tranquilles rivages?
Que veniez-vous chercher au milieu de ma cour?

TERSANDRE.

La gloire de braver l'Amour
Dans le plus beau de ses ouvrages.

Non, n'espere jamais devenir mon vainqueur;
Amour, j'ay triomphé de tes plus fortes armes:
Non, jamais avec plus de charmes
Tu ne peux attaquer mon cœur.

AMARYLLIS.

Quand on voit un Objet aimable
Peut-on garder sa liberté?
C'est un tribut indispensable
Que le cœur doit à la Beauté.

TERSANDRE.

Pour former une chaîne aimable,
L'Objet le plus charmant doit aimer à son tour:
C'est un tribut indispensable
Que la Beauté doit à l'Amour.

AMARYLLIS.

C'est assez ; je crois vous entendre ;
Si l'on vous offroit un cœur tendre,
Vous vous laisseriez enflammer ?

TERSANDRE.

. serois un ingrat, si j'osois m'en défendre......
Mais, je ne crains rien tant que le peril d'aimer.

AMARYLLIS, à part.

Quel dépit !

TERSANDRE, à part.

Quelle violence !
Nymphe, vous gardez le silence !
Vous devez approuver l'aveu que je vous fais.

AMARILLIS.

Vôtre indifference m'étonne :
Mais, puis-je condamner l'exemple que je donne ?
De nos cœurs à l'envy gardons l'aimable paix.

TERSANDRE.

Pour vivre heureux, n'aimons jamais.

ENSEMBLE.

Amour, ce n'est pas sur nos ames
Que tu lances des traits vainqueurs :
Va ; fuy ; nous défions tes flammes ;
Cherche à regner sur d'autres cœurs.

SCENE IV.

AMARYLLIS.

QUel mépris ! quel orgueil ! O Ciel ! est-il possible
Qu'il oppose un cœur invincible
A tous les traits que je veux luy porter ?
Ah ! plus je le trouve insensible,
Et plus, à l'en punir, je me sens exciter.
Mais, j'apperçois Doris ; Arcas est avec elle ;
Pour moy laissons agir son zele.

SCENE V.

ARCAS, DORIS.

ARCAS.

LA Nymphe dans ces lieux ! Quoy? malgré sa fierté,
Prendroit-elle Venus pour sa Divinité ?

DORIS.

Elle fait assez de conquêtes,
Pour honnorer de quelques fêtes
La Déesse de la Beauté.

ARCAS.

Par quelque nouvelle victoire,
Voudroit-elle en ce jour signaler ses appas?
Mille cœurs enchaînez ne l'a consolent pas
D'un cœur-fier qui manque à sa gloire.

DORIS.

Un cœur qui ne peut s'enflammer
Ne merite que sa colere.

ARCAS.

Doris , on n'est pas loin d'aimer ,
Quand on est si sensible à la gloire de plaire.

Lorsque je devins ton Amant ,
Pour t'éprouver , je fis serment
De ne porter jamais ta chaîne :
Ton cœur en parût allarmé ;
J'en tiray la preuve certaine
Que j'étois tendrement aimé.

Des froideurs de Tersandre Amaryllis s'offense !
Est-ce-là de l'indifference ?

DORIS.

Quand je te demanday l'hommage de tes vœux ,
Pour allumer tes premiers feux ,
Je feignis de sentir l'ardeur la plus parfaite ;
Mais bien-tôt la gloire eût son tour ,
Et , dès qu'elle fut satisfaite ,
Je ne songeay plus à l'amour.

ARCAS.

Doris , tu me fais trop entendre ,
Quel sort Amaryllis garderoit à Terſandre :
Mais , il ſçaura braver le pouvoir de ſes yeux.

DORIS.

Il ſent quelqu'autre amour.

ARCAS.

        S'il en fait un miſtere ,
N'eſt-ce pas à moy de me taire ?

DORIS.

Non , il faut contenter mon deſir curieux ,
Ou pour jamais renoncer à me plaire,
Pourrois-tu me punir de garder un ſecret ,
Quand tu m'en dois la recompenſe ,
Ménage mieux un cœur diſcret
Il en eſt bien moins qu'on ne penſe ,
Parle , ou je romps mes nœuds.

ARCAS.

      Quoy ! tu voudrois changer ?

ENSEMBLE.

Que ne puis-je me dégager !
Ma vengeance ſeroit certaine :
Mais , le moyen de ſe venger ,
Quand on ne peut briſer ſa chaîne ?

ARCAS.

Les Jeux vont commencer ; obtenons par nos vœux
Que la Mere d'Amour ſerre encor mieux nos nœuds.

SCENE VI.

SCENE VI.

AMARYLLIS, TERSANDRE, IPHIS,
Troupe d'Amants d'AMARYLLIS.
La grande PRESTRESSE de VENUS & sa Suite
paroissent après la premiere Feste de cette Scene.

MARCHE.

AMARYLLIS.

FAvorable Venus , reçoy ces premiers gages
Du zele qui pour toy vient d'embrâser mon cœur:
    Pour prix de mes profonds hommages,
De ton Fils irrité désarme la rigueur.

Fille du Dieu puissant qui lance le tonnerre,
    Et Mere du plus grand des Dieux,
Tu soumis autrefois au pouvoir de tes yeux
    Le Dieu terrible de la guerre:
Puis-je avec trop d'éclat , annoncer à la terre
    Un triomphe si glorieux?

    Que la trompette retentisse:
    Reveillons les échos des bois;
    Que toute la terre applaudisse:
    Que le ciel réponde à nos voix.

CHOEUR.

    Que la trompette retentisse, &c.

On danse.

AMARYLLIS.

Chantez le Dieu puissant , qui , sous ses étendarts,
    Sçait ranger les plus fiers courages :
    Amour , prends part à nos hommages ;
C'est par toy que Venus a triomphé de Mars.

E

CANTATILLE.

Une Suivante d'AMARYLLIS.

Celebrons la victoire
Du plus puissant des Dieux ;
Que le bruit de sa gloire
Vole au plus haut des Cieux :

Que ses traits ont de charmes !
Ils font toûjours vainqueurs ;
Ils font rendre les armes
Aux plus superbes cœurs.

Celebrons, &c.

Le doux prix de ses chaînes
Anime nos desirs ;
S'il cause quelques peines,
Il a mille plaisirs.

Celebrons, &c.

La grande PRESTRESSE de VENUS,
alternativement avec le Chœur.

Souveraine des cœurs, signalez vôtre empire,
Faites regner l'Amour sur tout ce qui respire.

LE CHOEUR.

Souveraine des cœurs, &c.

La grande PRESTRESSE.

La Beauté fait vôtre partage ;
Elle seule à l'Amour prête des traits vainqueurs :
A la Beauté tout rend hommage ;
Elle regne sur tous les cœurs.

LE CHOEUR.

Souveraine des cœurs, signalez vôtre empire,
Faites regner l'Amour sur tout ce qui respire.

On danse.

UNE PRESTRESSE DE VENUS.

Tendre Amour, que ton empire
Pour un cœur est plein d'attraits !
Il languit ; il ne soupire
Qu'après tes aimables traits :
Il n'est rien qui le console,
S'il ne sent ta vive ardeur :
　　　Vole ;
　　Doux Vainqueur,
　Viens dans mon cœur.

IPHIS.

Mere du tendre Amour, daigne implorer ton Fils
　En faveur d'un amant fidelle.
Faut-il que, sans espoir, j'adore Amaryllis ?
Si tu veux couronner la flamme la plus belle,
　Ton choix doit tomber sur Iphis.

Dieu des amants, il y va de ta gloire :
Sur le cœur le plus fier remporte la victoire.

La grande PRESTRESSE.

Vos vœux sont exaucez ; tout s'apprête en ce jour
　Pour le triomphe de l'Amour.

E ij

Le sort d'Amaryllis à mes yeux se declare :
La puissante Venus de mon ame s'empare ;

Vous qui suivez ses douces loix,
Ecoûtez son Arrest suprême ;
C'est par les accents de ma voix
Qu'elle va parler elle-même.

ORACLE.

Un seul Mortel que je prefere à tous ,
Au cœur d'Amaryllis est en droit de prétendre ;
Des Amants , il est le plus tendre :
J'en veux faire un heureux Epoux.

IPHIS.

Quel bonheur !

AMARYLLIS.
Quel Arrest !

LA GRANDE PRESTRESSE.
Il est irrevocable.

AMARYLLIS.
Ah ! je cede au coup qui m'accable.

FIN DU SECOND ACTE.

ACTE TROISIE'ME.

Le Theâtre repréſente un Jardin préparé
pour une Feſte.

SCENE PREMIERE.

AMARYLLIS, appercevant TERSANDRE,
qui s'avance vers elle, en rêvant.

Tersandre porte icy ſes pas :
Il rêve ! aimeroit-il ? Doris vient de m'apprendre ,
Que pour de plus heureux appas ,
Il n'eſt peut-être que trop tendre.
Quel trouble ! dans ſon cœur tâchons de penetrer :
Venus , daigne m'être propice ;
Et favoriſe un artifice
Que ton Fils vient de m'inſpirer.

SCENE II.

TERSANDRE, AMARYLLIS.

AMARYLLIS.

QVelle secrette inquietude
Conduit icy vos pas errants?

TERSANDRE.

Vous voyez que la solitude,
Peut charmer quelque fois les cœurs indifferents.

AMARYLLIS.

Ces Jardins semblent faits pour l'amoureux mistere.

TERSANDRE.

Ces Jardins, par Flore embellis,
Ne sont pas des amants le séjour ordinaire;
Puisque j'y trouve Amaryllis.

AMARYLLIS.

On a beau se deffendre avec un soin extrême;
Tôt ou tard, il faut que l'on aime.

TERSANDRE.

Ah ! du moins exceptez vôtre cœur & le mien.

AMARYLLIS.

Vous rêviez en ces lieux.

TERSANDRE.

Vous y rêviez de-même,
Et cependant vous n'aimez rien.

AMARYLLIS.

L'oracle de Venus que vous venez d'entendre,
Sur le choix d'un époux détermine mon cœur,

TERSANDRE.

Et quel est cet époux ?

AMARYLLIS.

C'est l'amant le plus tendre.

TERSANDRE

Et ! quel est cet amant ?

AMARYLLIS.

Iphis est mon vainqueur.

TERSANDRE.

Iphis !

AMARYLLIS.

Luy portez-vous envie ?

TERSANDRE.

Quoy ! vôtre ame à l'amour est enfin asservie !

AMARYLLIS.

C'est Iphis qui pour moy brûle des plus beaux feux ;
C'est le plus tendre Amant que je vais rendre heureux,
Vous rougissez de ma foiblesse.

TERSANDRE.

Non ; mais j'admire en ce moment
Par quel étrange évenement,
L'Amour, d'un trait fatal, au même instant nous blesse.

AMARYLLIS,

à part.

Vous aimez ! quel jaloux transport !

TERSANDRE.

L'Amour a triomphé de mon cœur & du vôtre ;
Il nous gardoit un même sort,
Sans nous avoir faits l'un pour l'autre.

AMARYLLIS.

AMARYILLIS, à TERSANDRE
qui veut se retirer.

Que je sçache à mon tour quel est vôtre vainqueur.

TERSANDRE, en se retirant.

Daignez voir un moment des Jeux que l'on apprête ;
Vous apprendrez dans cette Fête,
Pour qui le tendre Amour a reservé mon cœur.

SCENE III.
AMARYLLIS.

POur une autre que moy la Fête se prépare !
Bien-tôt ma honte se déclare !
Une autre est l'objet de son choix !
Au milieu de ma Cour j'ay donc une Rivale.
Nom cruel, prononcé pour la premiere fois,
Tu me fais ressentir une horreur sans égale.

Amour, tu n'es que trop vengé ;
Tu vois couler mes larmes :

Je t'ay mille fois outragé ;
J'ay bravé tes plus fortes armes ;
Mais mon destin est bien changé.
J'ay meprisé tes traits ; on dédaigne mes charmes.

Amour, tu n'es que trop vengé ;
Tu vois couler mes larmes.

P

SCENE IV.

IPHIS, AMARILLIS.

IPHIS.

NYmphe, un heureux transport me conduit près de
    vous.
Quel destin est le mien ! dois-je en croire Tersandre ?

AMARYLLIS.

à part.   à IPHIS.
    Ciel ! que vient-il de vous apprendre ?

IPHIS.

Un sort dont tout les Dieux doivent être jaloux ;
Qu'au bonheur de vous plaire enfin je puis prétendre;
    En est-il pour moy de plus doux ?
    Quel prix de l'amour le plus tendre !

AMARYLLIS.

L'Ingrat ?

IPHIS.

    Ah ! de ce nom, lors que vous l'appellez,
Vous m'en faites sçavoir plus que vous ne voulez.
    Je lis jusqu'au fond de vôtre ame,
    Et Tersandre est vôtre vainqueur;
En le rendant jaloux du bonheur de ma flamme,
    Vous vouliez surprendre son cœur.

Amour, lance tes traits ſur un cœur qui t'offenſe;
Venge-toy, qu'il n'échape pas
A ta redoutable puiſſance:
Que ce cœur fier, pour remplir ta vengeance,
Ne brûle que pour des ingrats.
Amour, lance tes traits ſur un cœur qui t'offenſe.

AMARYLLIS.

Qu'oſez-vous dire? Amour, retien tes traits.
Quels tranſports furieux! quelle coupable audace!
Fuyez: à mes regards ne vous montrez jamais.

IPHIS.

En m'ordonnant de fuir vos funeſtes attraits,
Vôtre colere me fait grace.
C'eſt ſans regret que je quitte ces lieux;
Ingratte, c'en eſt fait: je vais, loin de vos yeux,
Vous oublier, s'il eſt poſſible:
Je laiſſe à mon Rival le ſoin de me venger:
Et du moins, en partant, il m'eſt doux de ſonger,
Que vous n'aimez qu'un inſenſible.

SCENE V.

AMARYLLIS.

JE sçais trop qu'il ne m'aime pas :
S'il n'étoit qu'infensible il seroit moins coupable ;
Mais, il n'est que trop tendre ; ô douleur qui m'accable :
Il brûle pour d'autres appas.

Le Theâtre s'obscurcit.

Mais la clarté du jour fait place à la nuit sombre ;
Retirons-nous : Nuit, redouble ton ombre.

Le Theâtre s'éclaire.

Quel nouveau jour ! fuyons, hâtons nos pas :
Ce jour doit éclairer une Feste fatale ;
Ma fierté pourroit se trahir :
Non, demeurons plûtôt : je verray ma Rivale ;
Je sçauray qui je dois hair.

On voit paroître dans le fonds du Theâtre un Arc
de Triomphe, sous lequel un Trône est élevé.

SCENE SIXIE'ME & derniere.

AMARYLLIS, TERSANDRE;

Troupe d'ARGIENS, déguifez en Amours, en Jeux,
en Plaifirs, & en Nymphes, repréfentants
divers Peuples.

TERSANDRE.

TOut répond en ces lieux à mon amour extrême ;
Le jour brille ; l'ombre s'enfuit ;
Puiffe l'éclat nouveau qui fuccede à la nuit,
Arrefter un moment les yeux de ce que j'aime.

On danfe.

TERSANDRE.

Vous, qui dans ce charmant féjour,
Favorifez mon tendre amour ;

Chantez la gloire d'une Belle
Dont les yeux font toûjours vainqueurs ;
L'Amour n'a formé que pour elle
Le plus tendre de tous les cœurs.

CHOEUR.

Chantons la gloire d'une Belle
Dont les yeux font toûjours vainqueurs ;
L'Amour n'a formé que pour elle
Le plus tendre de tous les cœurs.

TERSANDRE.

Qu'à ſes attraits tout rende hommage,
Non, rien n'eſt comparable à l'Objet qui m'engage.

AMARYLLIS.

à part.
Ah ! c'eſt trop ſoûtenir ce triomphe odieux.

à TERSANDRE.
Un hommage ſi glorieux,
Devroit la preſſer de paroître ;
Vous me l'avez promis, & je veux la connoître.

TERSANDRE.

Le Dieu qui me force à l'aimer,
Me permet ſeulement de celebrer ſa gloire ;
Il me deffend de la nommer,
Sans être ſûr de la victoire.

AMARYLLIS.

Non, non, il a dû s'enflammer ;
Le triomphe eſt certain ; vous brulez l'un pour l'autre,
Quel inſenſible objet, ſans ſe laiſſer charmer,
Peut goûter le plaiſir d'avoir ſçu deſarmer
Un cœur auſſi fier que le vôtre.

TERSANDRE.
Son cœur eſt plus fier que le mien.

AMARYLLIS.
Laiſſons un frivole entretien :
Expliquez-vous , je vous l'ordonne.

TERSANDRE.
C'eſt envain que mon cœur brûle du plus beau feu;
Je crains qu'Amaryllis jamais ne me pardonne
Davoir aimé ſans ſon aveu :
Vous condamnerez ma tendreſſe ;
Rien ne peut raſſurer mes timides eſprits :
Laiſſez-moy mon ſecret.
AMARYLLIS.
Tenez vôtre promeſſe ;
Je pardonne tout à ce prix.
TERSANDRE.
C'eſt me promettre plus que je n'oſe pretendre.
AMARYLLIS.
Pour la derniere fois......

TERSANDRE.
Reine , vous l'ordonnez ;
Mais enfin cet amour ſi parfait & ſi tendre ,
Si vous même.....

AMARYLLIS.
Arreſtez ; je ne veux rien apprendre.

TERSANDRE.

Inhumaine ! est-ce ainsi que vous me pardonnez ;
Je vous livre vôtre victime :
Vengez-vous , mon cœur y consent ;
Mais songez, en me punissant,
Que vos yeux ont fait tout mon crime.

Calmez vôtre injuste rigueur ;
Ou je perce à vos yeux ce cœur, ce triste cœur,
Qui vous aime , qui vous adore.

AMARYLLIS.

Non, d'un si tendre amour je ne m'offense pas.
Mais vous m'avez trompée , hélas !
Ne me trompez-vous pas encore ?

ENSEMBLE.

Amour, que pour nos cœurs ta colere a d'attraits ;
Quand sous tes douces loix, malgré nous, tu nous ranges,
Si c'est ainsi que tu te vanges ,
Lance toûjours de nouveaux traits.

TERSANDRE.

Le bonheur de mes feux passe mon esperance,
Qu'aux yeux d'Amaryllis la Feste recommence.

On danse.

TERSANDRE, à AMARYLLIS.

L'Amour qui m'a soûmis à son doux esclavage,
Sur ce thrône éclatant que l'on vient de dresser,
De cent peuples divers va recevoir l'hommage ;
Reine , vous estes son image ,
C'est à vous de vous y placer.

Au

BALLET HEROIQUE. 49

Au souverain des cieux, de la terre & de l'onde,
Consacrez vos voix & vos jeux :
Qu'à vos Concerts à l'envy tout réponde,
Chantez le plus charmant des Dieux ;
Qu'il triomphe en tous lieux ;
Il fait seul le bonheur du monde.

Tandis que TERSANDRE va placer AMARYLLIS
sur le Trône de l'Amour, LE CHOEUR repete.

Au Souverain des cieux, de la terre & de l'onde,
Consacrons nos voix & nos jeux, &c.

Plusieurs Quadrilles de Peuples viennent celebrer la gloire
de l'Amour par des Danses de divers Caracteres.

UNE EGYPTIENNE.

Sur nos brulants rivages,
On voit naître le Dieu du jour ;
Mais nos premiers hommages
Sont pour le Dieu d'Amour.

Si-tôt que le jour nous éclaire,
Amour, tu viens nous enflammer,
Nos yeux ne brillent que pour plaire,
Et nos cœurs sont faits pour aimer.

Sur nos brulants rivages, &c.

Les Peuples terminent leurs Danses, & le Chœur
reprend *Au Souverain, &c.*

F I N.   G

APPROBATION.

J'Ay lû, par ordre de Monseigneur le Garde des Sceaux un Manuscrit intitulé
La Princesse d'Elide, Pastorale Heroïque, & je n'y ai rien trouvé qui
puisse en empêcher l'impression. Fait à Paris ce 24. Juin 1728. GALLYOT.

AU MONT-PARNASSE,
Ruë Saint Jean de Beauvais ;

ON vend la Mufique d'ORION, in-quarto. Part.in-4°. 12. l. Les OPERA *précedents* de la même forme, font du même prix, Tels font ceux d'HYPERMNESTRE, & DE LA PRINCESSE D'ELIDE.

Ceux de *Lully*, & *autres*, de la forme in-folio, *à l'exception des rares*, font chacun, de 20. liv. Tels font ROLAND & BELLEROPHON.

Le *Catalogue cronologique*, depuis l'établiffement de l'Academie, en fournit un *Détail exact*. On le vend	12. f.
On ne vend chaque Livre des *Paroles* in-quarto, que	30. f.
Et le Recueil general in-douze, qui a actuellement *onze Volumes*, qu'à raifon de 50. f. le Volume,	27. l. 10. f.
Il y a d'autres AMUSEMENTS de Mufique In-douze, qui font les *Parodies*, les *Brunettes*, les *Tendreffes Bachiques*, la *Clef des Chanfonniers*, les *Rondes*, les *Menuets* ; le tout au nombre de *quatorze Volumes* propres à chanter & à joüer, à 50. f. le Volume,	35. l.
Les *Meflanges de Mufique* Latine, Françoife & Italienne ; *Trois Années*, à huit livres piece,	24. l.
Chaque Saifon de l'Année,	2. l.
Chaque Volume des *trente Années* de *Mois* qui ont précedé ce Recueil, *à l'exception des rares*.	8. l.
Les METHODES, de *l'Affilard*, de *la Mufique Theorique & Pratique*, des Principes de Flutes d'*Hottere*, à 50. f. piece,	7. l. 10. f.
Les *Principes par D. & R.* & les trois *Methodes* de Plain-Chant.	4. l.
Le *Dictionnaire* de Mufique de *Broffard*.	9. l.
Le *Traité de l'Harmonie*, Volume in-quarto de *Rameau*,	12. l.
On trouve à la fin, un *Memoire des autres Traitez, & de toutes les Methodes concernant la Mufique*.	
—Son nouveau *Syfême de Mufique*,	3. l.
—Ses Pieces de CLAVECIN, celles de *Marchand*, & celles de *differents Auteurs*, à 40. fols, chaque Livre,	8. l.
Celles de *d'Anglebert*,	10. l.
Les deux Livres de CANTATES de *Morin* & la Chaffe,	15. l.
Toutes celles de *Clerambault*,	50. l. 10. f.
Celles de *Batiftin*, quatre Volumes,	25. l.
Celles de *Gervais*, Volume In-folio,	5. l.
Celles de *differents Auteurs*, fix Volumes In-folio,	15. l.
Trois Volumes In-quarto,	3. l.
Celles de *Campra*, deux Volumes,	10. l.

Chaque Livre de fes MOTETS; ceux de *Broffard, Morin, Lochon*,

Trois Livres *de differents Auteurs Italiens*; le dernier nou-
veau, à deux livres dix sols,   7. l. 10. f.
Les neuf Leçons de Tenebres de *Broffard*, de même forme,   5. l.
Celles de *Nivers*, In-octavo,   1. l. 5. f.
    Ou In-quarto avec les *Paffions*, de fa Compofition,   7. l. 10. f.
Les *Cantates* de Mlle de *Laguerre*, fur des fujets de l'Ecriture. 10. l.
Efther, les *Stances Chrétiennes*, & les *Cantiques de Collaffe*, in-4°. 15. l.
Les M E S S E S *en Mufique*, à 4. 5. & 6. Parties, à l'ufage des
    Cathedrales, fur le pied de *dix fols la Partie.*
On vient de réimprimer d'Auxcoufteaux, *Secondi Toni.*
    de Coffet, *Gaudeamus*, & de d'Helfer, *pro Defunctis.*
On vend les *Pieces* d'O R G U E de *Boivin*, fes deux Livres.   30. l.
    Le dernier Livre, feparément.   10. l.
Celles de *Grigny*, & de *Corette*, chacune   5. l.
On vend auffi les *Ouvertures* des Opera de *Lully*, Parodiées
    & imprimées in-folio fans retourne, pour être propres
    à joüer & à chanter,   4. l.
Les *Charmes de l'Harmonie*, In-folio,   7. l. 10. f.
Les *Mille-&-un-Air*, ou *Potpoury*, quatre Volumes en un,   6. l.
Les *Concerts Parodiques* fur les plus beaux Airs de *Lully*,
    Lambert, *le Camus*, & autres celebres Auteurs, & les
    Madrigaux de *la Sabliere*,   6. l.
Le Recueil de neuf D I V E R T I S S E M E N T S differents,
    qui font, *Le Pourceaugnac*, *Carifelly*, *Le Profeffeur de Folie*,
    La Serenade Venitienne, *La Veuve Coquette*, *La Critique des*
    Feftes de Thalie, *La Provençale*, *L'Hymenée Royale*, *Les Bergers*
    de Surenne, Volume in-quarto,   20. l.
Le *Retour des Dieux*, nouveau Divertiffement.   3. l.
Le Recueil des *Airs* de vingt differentes *Comedies* des deux
    Theâtres, Volume in-quarto,   20. l.
Il y a encore un Recueil d'*Airs Italiens*, *choifis*, contenant
    cinq differents Livres, Volume in-quarto,   20. l.
On vient d'imprimer L'*Amour aveuglé par la Folie*, CANTATE 24. f.
    on doit en donner inceffamment deux nouvelles, de   48. f.
Les *Duo choifis* pour la *Flute* & le *Hautbois*, in-quarto. 73. P. 3. l.
    Sonates à deux Flutes, de M. Handouville, in-4°.   1. l. 4. f.
    On trouve auffi les autres Livres de Mufique, foit d'Eglife, foit de
Chambre, de tous les Auteurs; Il y en a des Catalogues par Matieres.

L'I M P R I M E R I E D U M O N T - P A R N A S S E,
qui a le Privilege exclufif pour la Mufique, fournit encore tous les
Livres de Plain-Chant, & des Impreffions ordinaires, comme toutes
les autres Imprimeries.

PRIVILEGE DU ROY.

LOUIS par la grace de Dieu, Roy de France & de Navarre : A nos amez & feaux Conseillers, les Gens tenant nos Cours de Parlement, Maîtres des Requêtes ordinaires de nôtre Hôtel, Grand Conseil, Prevôt de Paris, Baillifs, Sénéchaux, leurs Lieutenans Civils, & autres nos Justiciers qu'il appartiendra, Salut. Les Sieurs Besnier, Avocat en Parlement, Chomat, Duchesne, & de la Val de S. Pont, Bourgeois de nôtre bonne Ville de Paris ; Nous ont fait remontrer, qu'en consequence de l'Arrêt de nôtre Conseil du 12. Decembre 1712. du Traité fait entr'eux & les Sieurs de Francine & Dumont, le 24. desdits Mois & An, & de nos Lettres Patentes du 8. Janvier ensuivant, confirmatives dudit Traité; Ils auroient acquis le Privilege de faire representer les Opera durant le temps de vingt années, à compter du 20. Août 1712. ainsi que le Privilege de la vente des Paroles desdits Opera, lesquelles ils desireroient faire imprimer pour les donner au Public, s'il Nous plaisoit leur accorder nos Lettres de Privilege sur ce necessaires: A CES CAUSES ; desirant favorablement traiter les Exposants, attendu les charges dont l'Accademie Royale de Musique se trouve oberée, & les grandes dépenses qu'il convient de faire tant pour l'Impression que pour la Gravûre en Taille-douce des Planches dont ce Livre sera orné ; Nous leur avons permis & permettons par ces Presentes, de faire imprimer & graver les Paroles & la Musique de tous lesdits Opera, qui ont été ou qui seront representez par l'Accademie Royale de Musique, tant separément que conjointement, en telle forme, marge, caractere, nombre de Volumes & de fois que bon leur semblera, & de les vendre & debiter par tout nôtre Royaume pendant le temps de dix-neuf années consecutives, à compter du jour de la datte desdites Presentes. Faisons défenses à toutes personnes, de quelque qualité & condition qu'elles puissent être, d'en introduire d'impression étrangere, dans aucun lieu de notre obéïssance ; Et à tous Imprimeurs, Libraires, Graveurs, & autres, d'imprimer, faire imprimer, vendre, faire vendre, débiter ny contrefaire lesdites Impressions, Planches & Figures, en tout ny en partie ; sans la permission expresse & par écrit desdits Sieurs Exposans, ou de ceux qui auront droit d'eux, à peine de confiscation des Exemplaires contrefaits, de six mille livres d'amende contre chacun des contrevenants, dont un tiers à Nous, un tiers à l'Hôtel-Dieu de Paris, l'autre tiers ausdits Sieurs Exposans, & de tous dépens, dommages & interêts, à la charge que ces Presentes seront enregistrées tout au long sur le Registre de la Communauté des Imprimeurs & Libraires de Paris, & ce dans trois Mois de la datte d'icelles ; que la gravûre & impression desdits Opera sera faite dans nôtre Royaume & non ailleurs, en bon papier & en beaux caracteres, conformément aux Reglemens de la Librairie, & qu'avant de les exposer en vente, il en sera mis deux Exemplaires dans nôtre Biblioteque publique, un dans celle de nôtre Château du Louvre, un autre dans celle de notre tres-cher & feal Chevalier Chancelier de France, le Sieur Phelypeaux, Comte de Pontchartrain, Commandeur de nos Ordres ; le tout à peine de nullité des Presentes ; du contenu desquelles vous mandons & enjoignons de faire joüir lesdits Sieurs Exposans, ou leurs ayants cause, pleinement & paisiblement, sans souffrir qu'il leur soit fait aucun trouble ou empeschement. Voulons que la Copie desdites Presentes, qui sera imprimée au commencement ou à la fin desdits Opera, soit tenuë pour dûement signifiée, & qu'aux Copies collationnées par l'un de nos amez & feaux Conseillers & Secretaires, foy soit ajoûtée comme à l'Original. Commandons au premier nôtre Huissier ou Sergent, de faire pour l'execution d'icelles tous Actes requis & necessaires, sans demander autre permission, & nonobstant Clameur de Haro, Charte Normande & Lettres à ce contraires: CAR tel est nôtre plaisir. DONNE' à Versailles le vingtiéme jour d'Août l'an de Grace 1713. & de nôtre Regne le soixante-onziéme. Par le Roy en son Conseil. Signé BESNIER, avec paraphe, & scellé.

Registré sur le Registre N°. III. de la Communauté des Libraires & Imprimeurs de Paris, *Page* 648. N°. 741. conformément aux Reglements, & notamment à l'Arrest du 30. Août 1703. Fait à Paris ce 11. Septembre 1713. *Signé*, L. JOSSE, Syndic.

Par Traité passé, DE L'ORDRE DU ROY, pardevant Notaites, le 22. Novembre 1727. entre l'Academie Royale de Musique, & le Sr. BALLARD, Seul Imprimeur du Roy, &c. Il est Cessionnaire de ladite Academie, pour ce qui regarde les Livres mentionnez au Privilege cy-dessus.

ADDITIONS de la PRINCESSE D'ELIDE, dans la Remise de ce Ballet, le 25. Janvier 1729.

ACTE I.

SCENE PREMIERE, pag. 16.

JE crains que mes tranſports n'éclatent à ſes yeux :
Arcas vient : de mes feux luy ſeul ſçait le myſtere.

SCENE II.

TERSANDRE, ARCAS.

TERSANDRE.

EH bien ? que faut-il que j'eſpere ?

ARCAS.

Soûpirez toûjours en ſecret ;
A couronner vos feux, le tendre Amour s'apprête,
Vôtre cœur eſt une conquête,
Qu'on voit échapper à regret.

TERSANDRE.

Qu'entends-je ? Amaryllis. . . . Ah ! ſi j'oſois le croire,
J'irois bien-tôt à ſes genoux. . . .

ARCAS.

De mes heureux conſeils vous perdez la memoire !

TERSANDRE.

Des feux plus éclatants ſerviroient mieux ſa gloire ;
Iphis luy rend des ſoins, dont mon cœur eſt jaloux.

ARCAS.

Connoiſſez mieux le cœur des Belles ;
L'empreſſement qu'on a pour elles,
Ne fait que trop de malheureux :
Si l'on pouvoit paroître un peu moins amoureux,
Elles ſeroient moins cruelles.

ADDITIONS.

Fuyez; Amaryllis s'avance vers ces lieux ;
C'est peu d'avoir forcé vôtre amour à se taire :
Elle n'entend que trop le langage des yeux,
Et vos yeux de vos feux trahiroient le mystere.

SCENE IV. pag. 21.

La Troupe des BERGERS & des BERGERES,
forment une nouvelle Entrée.

UN FAUNE.

FAis que la timide Bergere,
A nous fuir ne s'empresse pas:
Si la crainte, en fuyant, rend sa course legere;
Que l'Amour retienne ses pas.

La Troupe des Sylvains, &c.

UNE BERGERE.
L'Amour avec tous ses charmes,
Sans bruit, sans allarmes,
L'Amonr avec tous ses charmes,
Regne dans nos Bois:

Qu'il a de biens à la fois,
Pour prix de quelques larmes !
Qu'il a de biens à la fois !
Faisons un tendre choix:

Bergers, vous serez des Roys,
En luy rendant les armes ;
Bergers, vous serez des Roys,
Si vous suivez ses loix.   &c.

ADDITIONS.

ACTE II.

SCENE V. pag. 33.

Ou pour jamais renonce à me plaire.

ARCAS.

Pourrois-tu me punir de garder un secret ;
Quand tu m'en dois la recompense ?
Ménage mieux un cœur discret ;
Il en est bien moins qu'on ne pense.

DORIS.

Parle, ou je romps mes nœuds.

ARCAS.

   Quoy ! tu voudrois changer ?

ENSEMBLE.

Que ne puis-je, &c.

SCENE VI. pag. 34.

AMARYLLIS.

CHantez le Dieu puissant, qui sous ses étendards

Sçait ranger les plus fiers courages :
Amour, prends part à nos hommages ;
C'est par toy que Venus a triomphé de Mars.

DORIS.

Celebrons la Victoire
Du plus puissant des Dieux :
Que le bruit de sa gloire
Vole au plus haut des Cieux.

Ses traits sont pleins de charmes ;
Ils sont toûjours vainqueurs :
Ils font rendre les armes
Aux plus superbes cœurs.
Celebrons, &c.

ADDITIONS.

Que le prix de ſes chaînes
Anime nos deſirs ;
S'il cauſe quelques peines,
Il a mille plaiſirs.

Celebrons la victoire
Du plus puiſſant des Dieux :
Que le bruit de ſa gloire
Vole au plus haut des Cieux.

Le Chœur repete ces quatre Vers.

Pag. 35. Après le Chœur des Prêtreſſes de Venus.

LA GRANDE PRESTRESSE DE VENUS.

Douces retraites,
Vous n'eſtes faites
Que pour charmer,
Et nos cœurs pour aimer.

L'Amour nous preſſe ;
L'Amour nous bleſſe :
Que pour un cœur,
C'eſt un charmant Vainqueur !
Non, non, ſans la tendreſſe
Point de vray bonheur.

On danſe.

FIN DES ADDITIONS.